Couvertures supérieure et inférieure
manquantes

VILLE  D'ANGERS

DISTRIBUTION D'EAU

REMPLACEMENT ET ENTRETIEN DES CONDUITES

CAHIER DES CHARGES

ANGERS
IMPRIMERIE P. LACHÈSE, BELLEUVRE ET DOLBEAU
Chaussée Saint-Pierre, 13

1868

VILLE D'ANGERS

DISTRIBUTION D'EAU

Remplacement et Entretien des Conduites

CAHIER DES CHARGES

Objet de l'entreprise.

Art. 1er. — Les ouvrages qui font l'objet du présent devis comprennent :

1° La fourniture et la pose de tuyaux en fonte en remplacement des conduites en tôle et bitume aujourd'hui en location, la fourniture et la pose de robinets, ventouses et autres appareils sur le parcours des conduites à remplacer, le raccordement avec les nouveaux tuyaux des branchements particuliers existants, et l'exécution des travaux de terrassement, pavage etc., nécessités par les dites opérations ;

2° Les travaux similaires qu'il y aura lieu d'exécuter pour l'extension du réseau actuel de la canalisation pendant dix ans à partir du 1er janvier 1869 ;

3° L'entretien du 1er janvier 1869 au 1er janvier 1879 tant des conduites nouvelles à établir que des conduites en fonte déjà posées, et de 1,865 mètres de conduites en tôle et bitume appartenant à la ville.

Importance de la canalisation actuelle.

Art. 2. — Les tuyaux que comporte aujourd'hui la distribution d'eau sont les suivants :

	Longueur		Diamètre	
Conduites en tôle et bitume en location et à remplacer	2288	mètres de	0m 054	de diamètre
	6937	»	0 081	»
	3512	»	0 162	»
	2968	»	0 189	»
	6020	»	0 300	»
	21725 mètres.			

	Longueur		Diamètre	
Conduites en tôle et bitume appartenant à la Ville	1062	mètres de	0m 108	de diamètre
	813	»	0 216	»
	1875 mètres.			

	Longueur		Diamètre	
Conduites en fonte appartenant à la Ville et posées au 31 décembre 1867	654	mètres de	0m 030	de diamètre
	2432	»	0 040	»
	326	»	0 050	»
	2532	»	0 060	»
	4928	»	0 080	»
	11872 mètres.			

Conduites à remplacer.

Art. 3. — Les conduites en tôle et bitume à remplacer comporteront les longueurs et diamètres ci-dessous :

Longueur		Diamètre		
2010	mètres de	0m 060	de diamètre.	
4524	»	0 080	»	
1306	»	0 100	»	
1385	»	0 125	»	
1730	»	0 160	»	
2993	»	0 200	»	
1393	»	0 250	»	
1104	»	0 300	»	
5280	»	0 400		Dans la traversée du pont St-Aubin, sur 120m 00 de longueur, la conduite de 0m 40 sera remplacée par deux conduites juxtaposées de 0m 30.
21725 mètres.				

Il sera posé sur les parcours des conduites à remplacer :

21	robinets de	0^m 060	de diamètre.
26	»	0 080	»
5	»	0 100	»
5	»	0 125	»
6	»	0 160	»
5	»	0 200	»
4	»	0 250	»
3	»	0 300	»
12	»	0 400	»
1	ventouse.		

Les quantités de conduites nouvelles et de robinets qui viennent d'être indiquées sont approximatives et pourront varier en plus ou en moins, suivant les modifications que pourra subir le projet en cours d'exécution, sans que l'entrepreneur soit admis à élever des réclamations.

Espèce des tuyaux.

Art. 4. — Les conduites de 0^m,200 de diamètre et celles d'un diamètre moindre seront en fonte à joints articulés, système Doré. Celles d'un diamètre supérieur à 0^m,200 seront du modèle de la ville de Paris. Toutefois la ville se réserve la faculté de n'employer les tuyaux à joints articulés, que pour les diamètres n'excédant pas 0^m,125.

Ces clauses et conditions s'appliqueront aussi bien aux conduites à établir en extension du réseau de la canalisation qu'à celles à poser en remplacement des conduites en tôle et bitume.

Dimensions et poids des tuyaux.

Art. 5. — Les tuyaux à joints articulés satisferont aux conditions de longueur et de poids ci-après :

DIAMÈTRE.	LONGUEUR UTILE.	POIDS PAR MÈTRE UTILE
0^m 030	1^m 00	5^k 00
0 040	1 00	6 90
0 050	1 00	9 50
0 060	1 25	10 50
0 080	1 50	16 40
0 100	1 50	22 50
0 125	1 50	29 00
0 160	1 75	38 00
0 200	2 00	55 00

Les tuyaux modèle de Paris devront remplir les conditions détaillées au tableau ci-dessous :

DIAMÈTRE DES TUYAUX.		0m 162	0 216	0 250	0 300	0 400
LONGUEUR TOTALE DES TUYAUX	A emboîtement et cordon.	2m 61	id.	2 63	id.	id.
	A emboîtement et bride.	2m 61	id.	2 63	id.	id.
	A bride et cordon.	2m 50	id.	id.	id.	id.
	A deux emboîtements.	2m 72	id.	2 76	id.	id.
	A deux brides.	2m 50	id.	id.	id.	id.
FILETS	Largeur.	0m 086	id.	0 087	id.	id.
	Saillie sur le fût, fixant la surépaisseur de l'emboîtement.	0m 004	id.	0 005	id.	id.
CORDONS	Longueur.	0m 016	id.	0 036	id.	id.
	Saillie sur le fût.	0m 006	id.	0 008	id.	id.
	Diamètre sur l'emboîtement.	0m 020	id.	0 040	id.	id.
ÉPAISSEUR NORMALE DES TUYAUX		0m 0105	0 0115	0 012	0 013	0 0145
EMBOITEMENTS	Longueur.	0m 11	id.	0 130	id.	id.
	Épaisseur.	0m 0145	0 0155	0 017	0 018	0 0195
	Diamètre intérieur.	0m 203	0 259	0 298	0 350	0 453
BRIDES	Diamètre extérieur.	0m 317	0 377	0 411	0 474	0 582
	Épaisseur à la jonction des tuyaux.	0m 0175	0 0185	0 020	0 021	0 0225
	Fruit.	0m 003	id.	id.	id.	id.
	Nombre de trous.	6	6	6	8	10

De ces dimensions résultent pour les tuyaux modèle de Paris les poids suivants :

DIAMÈTRE.	POIDS du mètre linéaire du corps des tuyaux.	POIDS DES TUYAUX				
		A emboîtement et cordon.	A emboîtement et bride.	A bride et cordon.	A double emboîtement.	A double bride.
0m 162	43k	119k	126k	115k	131k	122k
0 216	62	171	181	166	186	176
0 250	75	215	225	200	240	210
0 300	97	276	290	260	306	274
0 400	143	404	424	382	446	482

Les tuyaux courbes auront une épaisseur excédant de $\frac{1}{10}$ celle des tuyaux droits de même diamètre, et les tuyaux coniques auront pour épaisseur celle des tuyaux droits correspondant à leur plus grand diamètre.

Les tubulures qui devront être placées au point de jonction des conduites ayant des directions et des diamètres différents, auront au moins 0m,20 de longueur à partir de l'extérieur du tuyau principal.

Les poids divers indiqués au présent article représentent les poids maximum des divers tuyaux droits. Toute pièce qui sera d'un poids inférieur de $\frac{1}{10}$ à celui qui résulte des données précédentes sera rigoureusement rejetée.

Appareils de fontainerie.

Art. 6. — Les robinets d'arrêt pour les diamètres de 0m,06 et au-dessus seront en fonte. Ils devront fonctionner sans regard en maçonnerie par une simple bouche à clef. Les vis de ces robinets seront en alliage de cuivre composé de 100 parties de cuivre, 6 de zinc et 10 d'étain. Les robinets dits à boisseau, pour les diamètres inférieurs à 0m,06 seront en bronze.

Les ventouses qu'il y aura lieu d'établir seront conformes au modèle de la ville de Paris.

Les bornes-fontaines et bouches d'arrosage seront en fonte et conformes au modèle indiqué par l'Ingénieur de la ville.

Tous ces appareils devront être établis avec le plus grand soin et selon toutes les règles de l'art ; leurs assemblages seront parfaits et leurs joints absolument étanches. Ils devront, en un mot, égaler sous le rapport du fini de l'exécution et de l'ajustage, tout ce qui a été construit en France jusqu'à ce jour dans le même genre d'appareils.

Conduites en plomb.

Art. 7. — Les conduites en plomb pour raccordement des prises d'eau existantes et pour l'établissement de nouvelles prises satisferont aux conditions suivantes :

Diamètre des conduites	0m 014	0m 020	0m 027	0m 040
Épaisseur des tuyaux.........	0 005	0 005	0 007	0 007
Poids du mètre linéaire	3k 30	4k 46	8k 48	11k 72

Les soudures seront composées d'un tiers de bon étain et de deux tiers de plomb. L'entrepreneur devra se conformer au tarif suivant, qui règle les quantités de soudure à employer :

Diamètre des tuyaux	0m 014	0m 020	0m 027	0m 040
Poids de la soudure	0k 65	1k 00	1k 50	2k 25

Qualité de la fonte et du plomb.

Art. 8. — La fonte sera de la meilleure qualité, point aigre, bien homogène, susceptible d'être travaillée à la lime, sans aucune fente ni écornure.

Tous les tuyaux droits seront moulés et coulés debout, c'est-à-dire qu'ils seront placés verticalement dans le moule; les tuyaux courbes et les pièces de forme particulière pourront seuls être coulés dans des moules horizontaux. Le moulage devra être fait avec des précautions telles qu'il ne se trouve point de bavures à la partie intérieure de l'emboîtement, ni à la paroi extérieure du bout mâle, ni à celle des brides; toute bavure sera, en conséquence, burinée aux frais de l'entrepreneur. Les parois intérieures des tuyaux devront être lisses et parfaitement nettoyées de sable. Les parois extérieures seront enduites d'un goudronnage au vernis métallique.

Les tuyaux en plomb seront toujours étirés. Ils devront être bien faits, d'égal calibre, sans boursoufflures ou vides à l'intérieur.

Vérification à l'usine.

Art. 9. — L'entrepreneur sera soumis à l'usine aux vérifications que l'Administration municipale jugerait convenable d'ordonner pour s'assurer de la qualité de la fonte et pour vérifier si toutes les précautions propres à garantir une bonne exécution sont prises, tant pour le parfait dressage des modèles, que pour l'exact ajustement des châssis, et pour les soins de moulage et de percement.

Il aura à l'usine une machine à essayer les tuyaux; l'Administration municipale aura le droit de faire usage de cette machine pour vérifier la qualité des fontes.

Réception provisoire des tuyaux.

Art. 10. — A mesure des livraisons à Angers, il en sera fait une réception provisoire par l'Ingénieur en présence de l'entrepreneur, ou lui dûment appelé. Cette réception aura pour but de constater que les fournitures satisfont aux conditions exprimées en l'article 5, et que l'entreprenaur peut être autorisé à poser les tuyaux.

Il sera procédé à cette réception de la manière suivante :

L'Ingénieur se fera présenter par l'entrepreneur chaque tuyau et le fera rouler, afin de pouvoir l'examiner tant à l'intérieur qu'à l'extérieur, reconnaître ses défauts et mesurer ses dimensions; il s'assurera en le frappant à petits coups de marteau qu'il ne s'y trouve ni chambre ni soufflures.

Toute pièce défectueuse ou n'ayant pas les dimensions et formes voulues sera rebutée.

Les tuyaux non rebutés par suite de cet examen seront pesés à l'effet de reconnaître si leur poids n'est pas inférieur de $\frac{1}{10}$ aux poids fixés par l'article 5, auquel cas ils seraient rejetés.

Les tuyaux reconnus bons de forme, de dimension et de poids pourront être posés dans les tranchées.

Les frais de pesage et d'examen des tuyaux seront à la charge de l'entrepreneur. L'enlèvement des pièces rebutées sera opéré, dans le délai de trois jours, aux frais de l'entrepreneur qui devra les remplacer dans le plus bref délai.

Transport à pied-d'œuvre.

Art. 11. — Les diverses opérations indiquées dans l'article précèdent se feront dans les magasins loués par l'entrepreneur pour le dépôt de ses matériaux; elles ne seront exécutées près du lieu d'emploi que dans le cas où la ville autoriserait le transport des tuyaux sur place avant l'ouverture des travaux. Les doubles chargements, déchargements et transports qui résulteront du dépôt momentané des divers matériaux dans les magasins de l'entrepreneur, sont comptés dans les prix du bordereau.

Ouverture des tranchées.

Art. 12. — Les pavés à démonter pour l'ouverture des tranchées seront rangés avec soin pour être repris ensuite et employés dans le repavage qui sera fait par l'entrepreneur. Il en sera de même des matériaux provenant de la démolition des chaussées d'empierrement, du démontage des trottoirs et des aires bitumées.

La tranchée sera ensuite ouverte à la profondeur indiquée par l'Ingénieur, et les déblais seront déposés par l'entrepreneur dans tel endroit qui lui conviendra, pour être repris ensuite par lui, s'il est reconnu qu'ils ne peuvent pas rester sans inconvénient sur le chantier.

Pose des tuyaux.

Art. 13. — Les tuyaux seront descendus avec soin dans les galeries ou dans les tranchées qui devront les recevoir. Ils seront assemblés soit par des joints à emboîtement, soit par des joints à bride.

Joints à emboîtement. — La pénétration de deux tuyaux consécutifs sera moindre que la profondeur de l'emboîtement, de manière à laisser un centimètre de jeu pour la dilatation. Le bout mâle de chaque tuyau sera engagé dans le renflement du tuyau suivant, de manière à rendre régulier l'intervalle compris entre les parois intérieures de l'un et les parois extérieures de l'autre. Cet intervalle sera rempli, partie avec de la corde imprégnée de goudron et de résine, partie avec du plomb fondu. La profondeur du joint en plomb sera de quatre centimètres. La corde roulée régulièrement autour du bout mâle sera matée au refus et disposée de manière à laisser un vide de profondeur uniforme pour recevoir le plomb, lequel sera lui-même maté après le refroidissement, de telle sorte que les joints soient parfaitement étanches.

Joints à bride. — Dans la confection de ces joints on laissera entre les brides un intervalle suffisant pour recevoir une rondelle en plomb convenablement dressée et enduite sur les deux faces d'une couche de mastic ou de minium. Les rondelles auront la forme d'un anneau plat dont le diamètre intérieur sera égal à celui des tuyaux à raccorder, et dont le diamètre extérieur sera calculé de manière à affleurer les trous des boulons. Ces rondelles auront en général douze millimètres d'épaisseur uniforme. Lorsqu'elles devront être biaises, leur épaisseur sera variable et déterminée par l'obliquité à donner aux tuyaux. Toutefois elles ne devront pas avoir, au point le plus mince, moins d'un centimètre d'épaisseur. Les boulons destinés à relier les brides des tuyaux auront $0^{m},018$ de diamètre, avec une partie carrée près de la tête; ils seront faits et filetés avec le plus grand soin. Ces boulons seront serrés graduellement les uns après les autres jusqu'au refus, et la rondelle sera refoulée avec un ciseau à mater, afin de rendre le joint parfaitement étanche.

Joints articulés. — La confection des joints des tuyaux, système Doré, se fera avec les mêmes soins que celle des joints à emboîtement, sauf qu'il n'y aura pas lieu d'employer de corde goudronnée. Les tuyaux à joints articulés pourront former entr'eux des lignes légèrement obliques.

Les autres travaux de plomberie et de fontainerie seront exécutés suivant les règles de l'art et les prescriptions suivies dans le service municipal de la ville de Paris.

Epreuve des conduites.

Art. 14. — Avant de recouvrir de terre chacune des portions de conduites posées, l'entrepreneur y mettra l'eau pour essayer les joints et éprouver les tuyaux à une pression de huit atmosphères pendant un quart d'heure au moins.

L'entrepreneur devra exécuter immédiatement et à ses frais les travaux de réparations, quels qu'ils soient, que cette épreuve aura fait reconnaître nécessaires, enlever et remplacer au besoin tous les tuyaux défectueux.

La tranchée ne pourra être couverte de terre qu'autant qu'il aura été reconnu par l'Ingénieur que la conduite ne donne lieu à aucune espèce de fuite ou suintement.

La longueur de chaque portion de conduite à éprouver ne pourra pas dépasser cinq cents mètres.

Remblai des tranchées.

Art. 15. — Le remblai des tranchées sera fait avec le plus grand soin par couches de $0^m,10$ d'épaisseur bien pilonnées et bien arrosées. On entourera les tuyaux de terres bien purgées de pierres sur $0^m,30$ de hauteur. Puis on rétablira les chaussées d'empierrement, pavages ou trottoirs, selon le cas.

Métrage des travaux.

Art. 16. — Les tuyaux à joints articulés et ceux système Paris, tant pour la fourniture que pour la pose, seront payés au mètre courant, quels que soient d'ailleurs leur mode d'assemblage et la sujétion dans les parties courbes, circonstances qui ne donneront pas lieu à plus-value. En conséquence, on mesurera sur leur axe la longueur totale des conduites posées, et on appliquera à ces longueurs les prix du bordereau, mais on n'en déduira pas l'épaisseur des robinets d'arrêt. Les tuyaux coniques seront payés au prix de leur plus grand diamètre.

Les tubulures d'attente fermées par un tampon seront payées comme un mètre de tuyaux du diamètre de la tubulure, et les tampons terminant les branchements comme un demi-mètre.

Les tubulures immédiatement utilisées pour branchement, si court qu'il soit, ne donneront pas lieu à plus-value, parce qu'elles sont comprises dans la longueur du branchement, longueur qui sera comptée à partir de l'axe de la conduite maîtresse.

Le prix des robinets d'arrêt comprend leur pose ainsi que celle de tous les accessoires que peut nécessiter leur assemblage avec la conduite.

Le raccordement de chaque branchement particulier avec les nouvelles conduites sera payé à forfait à raison de 3 fr. 50 l'un, quel que soit le diamètre de ce branchement. Ce prix applicable au cas où les nouvelles conduites seront posées dans l'emplacement des anciennes, sera augmenté ainsi qu'il suit, lorsque les nouvelles conduites seront posées à distance des anciennes. On y ajoutera le prix des tranchées et des conduites en plomb calculées eu égard à la distance qui séparera les axes des conduites ancienne et nouvelle.

Les pièces en fonte, de forme particulière et inusitée, seront comptées seules pour leur poids réel et payées à raison de $0^m,34$ le kilogramme.

Délais d'exécution.

Art. 17. — La pose des conduites devra commencer le 1er novembre prochain et être terminée le 1er mars suivant au plus tard.

Il sera remis à l'entrepreneur un plan de la ville sur lequel seront indiqués la situation et le diamètre des conduites, la position et les dimensions des robinets et tubulures. C'est d'après ce plan, qu'il aura à compléter par des examens et recherches sur place, que l'entrepreneur établira toutes les pièces de sujétion des diverses conduites.

Les tuyaux qui resteraient sans emploi et que la ville ne jugerait pas à propos de garder seront enlevés par l'entrepreneur et ne pourront donner lieu à aucune indemnité.

L'entrepreneur devra employer un atelier suffisant pour poser chaque jour au moins deux cents mètres de tuyaux avec tous les mécanismes qui s'y rattachent.

A partir du 1er novembre prochain, il sera dressé tous les quinze jours un état de la longueur des conduites posées et il sera infligé une amende de 1 fr. par mètre courant de conduites en retard, amende qui sera calculée d'après le nombre de jours non fériés, et d'après le nombre de mètres qui devait être posé chaque jour. Le montant de ces retenues sera déduit du compte des sommes dues à l'entrepreneur.

Les amendes encourues par l'entrepreneur ne seront point un obstacle à ce que la ville d'Angers fasse procéder, en cas de retard, à la fourniture et à la pose des tuyaux par un entrepreneur de son choix, en retenant le prix de ces travaux sur les sommes qui pourront être dues à l'entrepreneur.

Nécessité d'assurer le service des eaux.

Art. 18. — L'entrepreneur sera tenu de prendre toutes les dispositions nécessaires pour n'interrompre en tout ou en partie le service de la distribution des eaux que dans les plus strictes limites. Il sera tenu de se soumettre à toutes les prescriptions qui lui seront faites dans ce sens par l'Administration municipale ou par ses délégués, et les mesures qu'il aura ainsi à employer ne lui donneront droit ni à indemnité ni à plus-value de quelque nature que ce soit.

Clause spéciale relative à l'ouverture des tranchées.

Art. 19. — La ville d'Angers se réserve la faculté de faire ouvrir tout ou partie des tranchées par MM. Chameroy et Cie. Dans le cas où elle usera de cette faculté, l'entrepreneur sera tenu d'enlever les terres en excès, de rétablir les empierrements, pavages, trottoirs etc., et il sera payé de ces divers frais suivant les prix n°s 4 et 5 du bordereau.

Profondeur des tranchées.

Art. 20. — L'Administration se réserve le droit d'apporter au tracé et au nivellement des conduites les modifications qui seront par elle reconnues nécessaires en cours d'exécution. Mais en principe, ce tracé et ce nivellement seront les mêmes que ceux des conduites actuelles. En conséquence, les tranchées auront généralement leur profondeur actuelle, celles de la conduite ascensionnelle n'auront pas moins de 1^{m},40 de profondeur, et elles pourront dépasser ce chiffre sans que l'entrepreneur soit admis à réclamer de plus-value.

Surveillance des travaux.

Art. 21. — A partir du commencement de la pose, l'entrepreneur sera tenu d'avoir sur chaque tranchée un chef d'atelier intelligent et agréé par l'Ingénieur, pour diriger les travaux, les surveiller et recevoir les ordres et recommandations qui pourraient être données par l'Ingénieur et son délégué.

Responsabilité de l'entrepreneur.

Art. 22. — L'entrepreneur devra se conformer à toutes les prescriptions de l'Administration préfectorale et de l'Administration municipale en ce qui concerne l'exécution de ses travaux.

Il devra satisfaire à toutes les prescriptions de la police, vis-à-vis de laquelle il sera responsable des accidents qui pourraient résulter de l'inobservation de ses règlements, tant pour l'éclairage que pour le gardiennage des chantiers et autres précautions d'usage.

Il sera en outre tenu à tous dommages et intérêts, tant envers les particuliers qui auraient éprouvé des accidents ou pertes, qu'envers les propriétaires ou locataires de maisons et terrains dégradés ou en souffrance par suite de l'ouverture des tranchées et des fuites des tuyaux, sans qu'il puisse dans aucun cas en rejeter la responsabilité sur l'Administration municipale, qui laissera les clôtures et les étaiements à sa discrétion.

Les prix du bordereau sont invariables.

Art. 23. — Il est expressément entendu que les prix portés au bordereau ne pourront subir de changement en aucun cas. Ils comprennent tous les faux frais de quelque nature qu'ils soient.

L'entrepreneur ne pourra notamment former aucune réclamation à raison des variations que les droits d'octroi, de navigation, viendraient à éprouver pendant la durée de l'entreprise.

S'il se présente en cours d'exécution quelques ouvrages auxquels les prix du bordereau ne seraient pas applicables, l'entrepreneur devra le déclarer à l'Ingénieur qui procédera alors suivant les formes indiquées à l'article 28, des clauses et conditions générales imposées aux entrepreneurs des ponts et chaussées.

Les prix dits de règlement sont absolument interdits.

Réception des travaux.

Art. 24. — La réception provisoire des travaux aura lieu dans le mois qui suivra leur entier achèvement et sera constatée par un procès-verbal. La réception définitive aura lieu un an après la réception provisoire; mais elle ne pourra être faite que si les conduites n'ont pas donné lieu, pendant cette année, à plus de une fuite et demie par kilomètre.

Pendant le temps qui s'écoulera entre la réception provisoire et la réception définitive, l'entrepreneur sera tenu d'entretenir à ses frais les conduites et les appareils placés sur leur parcours et de réparer toutes les dégradations qui pourraient survenir. Il subira en outre une retenue de un franc par heure au delà de douze pour les réparations qui amèneraient une suspension de service.

Extension du réseau de la canalisation.

Art. 25. — Les travaux pour extension du réseau de la canalisation jusqu'au 1er janvier 1879 seront exécutés et payés conformément aux conditions indiquées dans les articles précédents spécialement applicables au remplacement des conduites en tôle et bitume. Les tuyaux devront avoir leur dessus à 1m,00, communément, en contrebas de la surface des voies publiques.

Entretien des conduites.

Art. 26. — A partir du 1er janvier 1869, pour les conduites en fonte et pour les conduites en tôle et bitume posées aujourd'hui et appartenant à la ville, et à partir de la réception définitive pour les conduites à remplacer et pour celles à poser en extension du réseau de la canalisation, l'entrepreneur sera chargé de l'entretien de tout le réseau de la canalisation, jusqu'au 1er janvier 1879, au prix de 0 fr. 06 par mètre courant de conduite en tôle et bitume et de

0 fr. 03 par mètre courant de conduite en fonte, quels que soient les diamètres des conduites.

Ces prix s'appliquent seulement aux tuyaux, robinets et ventouses placés dans leur parcours, appareils qui ne donnent lieu à aucune plus-value.

Le prix d'entretien des branchements desservant une décharge, une borne-fontaine, une bouche d'arrosage, une prise d'eau particulière ou municipale sera de 0 fr. 75, quels que soient la nature, le diamètre et la longueur des branchements. Ce prix comprend l'entretien des robinets d'arrêt, bouches à clef, et tous ouvrages situés sur ces branchements.

Les prix de 0 fr. 06, 0 fr. 03 et 0 fr. 75 comprennent l'ouverture et la fermeture des tranchées, le rétablissement du pavé, de l'empierrement, des trottoirs et tous les travaux quelconques nécessités par la réparation des conduites.

Prises d'eau à établir.

Art. 27. — Pendant toute la durée de l'entreprise, et à partir du 1er janvier 1869, l'entrepreneur sera exclusivement chargé de faire les prises d'eau sur les conduites et de poser les branchements sur la voie publique, soit pour le compte de la ville, soit pour le compte des particuliers. Ces branchements seront en fonte ou en plomb, d'après l'ordre de service qui sera donné à l'entrepreneur.

Les travaux ainsi exécutés chaque année par l'entrepreneur seront entretenus par lui à ses frais jusqu'au 1er janvier suivant. A partir de cette époque l'entretien en sera payé conformément aux prix et conditions indiqués dans les deux derniers paragraphes de l'article précédent.

Réparation des conduites.

Art. 28. — *Conduites en plomb.* — La réparation des conduites en plomb comprend la fourniture des bouts de tuyaux neufs de même métal qu'il pourrait être nécessaire de substituer à des portions de vieux tuyaux, ainsi que tous les frais relatifs à la pose de ces bouts.

Conduites en fonte. — La réparation des conduites en fonte comprend la fourniture des tuyaux, manchons, brides, colliers, boulons, rondelles en plomb, cordes goudronnées, glaise et généralement tous les matériaux et toutes les mains-d'œuvre nécessaires pour raccorder les tuyaux d'une manière solide et durable. Les manchons devant être posés avec les mêmes précautions que celles indiquées à l'article 13 pour les tuyaux.

Conduites en tôle et bitume. La réparation de ces conduites comprend la fourniture des tuyaux, brides, colliers, boulons, etc., qui seront nécessaires. Quand une fuite se manifestera, on enlèvera d'abord le bitume sur peu d'étendue avec un fer chaud; si la fuite est peu large, on se contentera de gratter et décaper la tôle et d'y rapporter un grain de soudure. Si la fuite est large, on couvrira la déchirure par une plaque de plomb, après avoir étamé la tôle sur les bords, et on la soudera. Le bitume sera remis en le liquéfiant et en l'employant, comme la soudure, dans la confection des nœuds, en se servant d'un chiffon mouillé au lieu d'un chiffon gras.

Les vieux matériaux provenant des réparations de ces diverses espèces de conduites appartiendront à l'entrepreneur.

Réparation des robinets.

Art. 29. — Les robinets, ventouses, bornes-fontaines, et bouches d'arrosage, devront être tenus en bon état et parfaitement étanches. Ils seront remplacés par l'entrepreneur et à ses frais si les réparations faites ne les rendent pas complétement étanches. Les bornes fontaines et les bouches seront repeintes fréquemment.

Changement de niveau des bouches à clef.

Art. 30. — L'entrepreneur devra maintenir toutes les bouches à clef au niveau du sol et de manière à assurer toujours la manœuvre facile des robinets. Toutefois, ce travail ne sera pas à ses frais dans le cas de changements ordonnés par l'Administration dans le relief des chaussés, trottoirs, contre-allées, etc.

Prises d'eau; pose de plaques pleines, etc.

Art. 31. — Pour les prises d'eau à effectuer sur tubulures ou percement de tuyau, ainsi que pour la pose des plaques pleines à l'extrémité des conduites, l'entrepreneur devra prendre toutes les précautions nécessaires pour éviter les fuites, et se conformer aux instructions qui lui seront données par l'Ingénieur.

Avis préalables.

Art. 32. — Les réparations ne seront jamais entreprises qu'après l'exécution des mesures prescrites par l'Ingénieur pour la manœuvre des eaux et pour la surveillance des travaux.

Il est expressément interdit à l'entrepreneur d'ordonner de son chef aucune manœuvre sur les conduites ou sur les branchements de concession, soit pour arriver à une réparation, soit pour faire une prise d'eau, soit pour toute autre cause. Toute infraction à cet égard serait constatée par procès-verbal et punie d'une amende de cent francs.

Avant d'entreprendre une réparation, l'entrepreneur devra toujours avertir préalablement l'Ingénieur des eaux de l'heure à laquelle il compte envoyer ses ouvriers sur le lieu du travail, si déjà l'ordre de service n'a fixé cette heure.

Il devra également faire connaître l'ordre dans lequel seront entreprises les réparations qu'il compte exécuter dans le cours d'une même journée, si cette indication ne lui a déjà été donnée par l'ordre du service.

Dans le cas où l'entrepreneur ne s'astreindrait pas à cette marche, il lui serait fait une retenue de cinq francs par chaque infraction constatée.

Il subira en outre une retenue de un franc par heure au delà de douze, pour les réparations qui amèneraient une interruption de service.

Le délai de douze heures ne commencera que lorsque les mesures prescrites par l'Ingénieur pour la manœuvre des eaux et pour la surveillance des travaux auront été exécutées.

Délais d'exécution des travaux d'entretien.

Art. 33. — Lorsque l'entrepreneur aura reçu avis d'une ou plusieurs fuites d'eau, d'enfoncement de pavés ou d'excavations, il sera tenu d'y mettre des ouvriers en nombre suffisant pour que, dans les vingt-quatre heures qui suivront l'avertissement ou l'ordre qu'il aura reçu, la réparation soit effectuée.

Dans le cas où cette réparation serait de nature à ne pouvoir être entreprise et terminée dans les vingt-quatre heures, l'entrepreneur pourvoira sur-le-champ à la sûreté de la voie publique, soit en comblant provisoirement les excavations, soit en les entourant de barrières, les éclairant dans la nuit avec des appliques et y posant des gardiens, le tout à ses frais.

Toutes les réparations devront être commencées dans les vingt-quatre heures de l'avertissement et continuées sans interruption.

A défaut d'un commencement d'exécution dans ce délai, ou en cas de suspension des travaux entrepris, l'entrepreneur sera passible d'une amende de 50 fr. par chaque jour excédant les vingt-quatre heures de l'avertissement, ou pour chaque jour de suspension.

Pour l'établissement des branchements de concession, l'entrepreneur devra commencer dans les trois jours au plus de l'avertissement, les travaux de prise d'eau, de pose et de raccordement qui lui seront indiqués, ou justifier des causes qui s'opposent à l'exécution du travail. Passé ce délai, il sera passible d'une amende de 20 fr. par chaque jour de retard.

En ce qui concerne les travaux de pose de conduite et autres, l'entrepreneur sera tenu de les commencer dans un délai de trois jours, à partir de celui où l'ordre de service lui aura été donné, et de les continuer sans interruption. Tout retard ou toute suspension donnera lieu à l'application de 50 fr. d'amende.

Les tranchées auxquelles les travaux de pose ou de renouvellement de conduites donneront lieu seront comblées avec les soins dits en l'article 15.

Travaux d'office.

Art. 34. — Lorsque l'entrepreneur ne se sera pas conformé à l'ordre qui lui aura été donné, pour effectuer une réparation, et qu'il se sera écoulé plus de vingt-quatre heures à partir de la date de l'ordre, l'Ingénieur pourra, sans qu'il soit besoin d'une nouvelle mise en demeure, établir des ouvriers à ses frais, et les mémoires des ouvrages ainsi exécutés, dressés par l'Ingénieur des eaux, seront rendus exécutoires par M. le Préfet.

Époques de paiement.

Art. 35. — Pour les travaux neufs, l'entrepreneur pourra recevoir des à-comptes jusqu'à concurrence des $\frac{9}{10}$ des travaux faits. Il ne sera soldé du dernier dixième qu'à la réception définitive de tous les ouvrages.

Les sommes dues pour l'entretien des conduites ou appareils qui en dépendent seront payées par quart dans le mois qui suivra chaque trimestre. Ces paiements seront effectués sur le certificat dressé par l'Ingénieur des eaux constatant que l'entrepreneur a rempli toutes les obligations qui lui étaient imposées, et que les objets dont l'entretien est à sa charge fonctionnent convenablement et sont en bon état d'entretien.

Élection de domicile.

Art. 36. — L'entrepreneur sera tenu d'élire domicile à Angers, où il sera représenté par un agent agréé par l'Ingénieur chargé des travaux, et où lui seront signifiés tous les ordres de service et actes administratifs relatifs à son entreprise.

Frais à la charge de l'entrepreneur.

Art. 37. — Seront à la charge de l'entrepreneur :

1° Les frais de timbre et d'enregistrement du marché et des pièces de comptabilité pour lesquelles cette formalité est exigée par la loi.

2° Les frais d'impression du cahier des charges et du bordereau des prix tirés à 50 exemplaires.

Clauses et conditions générales.

Art. 38. — L'entrepreneur sera soumis aux clauses et conditions générales imposées aux entrepreneurs de travaux publics par l'arrêté ministériel du 21 novembre 1866, en toutes les dispositions auxquelles il n'est point dérogé par le présent devis.

Le présent devis dressé par l'Ingénieur de la ville, soussigné.

Angers, le 23 *avril* 1868.

J. SICOT.

Vu et lu à Angers le 15 mai 1868.

V. DORÉ.

BORDEREAU DES PRIX

	f. c.
Un mètre courant de tranchée ouverte et fermée par l'entrepreneur, y compris rétablissement du pavage, de l'empierrement, des trottoirs, etc., et transport des déblais aux décharges publiques, sera payé :	
1° Sous chaussées d'empierrement et sous terrains naturels	1 10
2° Sous pavages et trottoirs pavés ou bitumés . . .	1 50
3° Supplément par mètre courant pour fouilles ouvertes dans les roches compactes ou dans d'anciennes maçonneries	» 75
Un mètre courant de tranchée simplement fermée par l'entrepreneur, y compris rétablissement du pavage, de l'empierrement, des trottoirs etc., et transport des déblais aux décharges publiques, sera payé :	
4° Sous chaussées d'empierrement et sous terrains naturels	» 40
5° Sous pavages et trottoirs pavés ou bitumés . . .	» 70

6° Un mètre courant de tuyaux en fonte à joints articulés, y compris fourniture de tuyaux, épreuve, pose, fourniture et façon des joints, plus-value pour tuyaux courbes ou coniques et tubulures, toutes approches et bardages aux lieux d'emploi sera payé :

	TUYAUX D'UN DIAMÈTRE DE								
	0m 030	0m 040	0m 050	0m 060	0m 080	0m 100	0m 125	0m 160	0m 200
Fourniture du mèt. cour.	1f 01	1f 40	1f 83	1f 97	3f 08	4f 12	5f 31	6f 76	9f 79
Pose id. id.	0 35	0 40	0 55	0 70	1 10	1 35	1 50	1 70	2 25
Fourniture et pose du mètre courant........	1 36	1 80	2 38	2 67	4, 18	5 47	6 81	8 46	12 04

7° Un mètre courant de tuyaux en fonte, modèle de la ville de Paris, y compris fourniture de tuyaux, épreuve, pose, fourniture et façon des joints, plus-value pour tuyaux courbes ou coniques et tubulures, toutes approches et bardages aux lieux d'emploi sera payé : f. c.

	TUYAUX D'UN DIAMÈTRE DE				
	0m 162	0m 216	0m 250	0m 300	0m 400
Fourniture du mètre courant.......	8f 12	11f 60	14f 60	18f 72	27f 10
Pose du mètre courant.............	2 20	2 80	3 »	3 60	3 75
Fourniture et pose du mètre courant	10 32	14 40	17 60	22 32	30 85

8° La dépose des conduites en fonte sera payée par mètre courant, non compris fouille, mais y compris fourniture de charbon pour fondre les joints, enlèvement, grattage, nettoyage, transport et empilage dans les magasins de la ville :

Diamètre des tuyaux.	0m 030	0m 040	0m 050	0m 060	0m 080	0m 100	0m 125	0m 162	0m 216	0m 250	0m 300	0m 400
Prix du mètre courant.	0f 30	0f 35	0f 40	0f 45	0f 60	0f 75	1f 10	1f 25	1f 40	1f 70	2f »	2f 75

9° Le kilogramme de fonte pour couverture de regards, fourniture, pose et tous frais compris, sera payé . . . » 18

10° La fourniture de pièces en fonte fondues sur modèles spéciaux, à l'exclusion des regards et des tuyaux courbes, coniques ou à tubulures, y compris frais de modèles, tournage des brides et perçage des trous de boulons, mais non compris pose et joints, sera payée par kilogramme, quel que soit le nombre des pièces demandées sur chaque modèle 0 34

11° Un mètre courant de tuyaux en plomb, y compris fourniture, pose et nœuds de soudure, sera payé :

	TUYAUX D'UN DIAMÈTRE DE			
	0m 014	0m 020	0m 027	0m 040
Fourniture du mètre courant........	2f 14	2f 90	5f 51	7f 62
Pose du mètre courant.......... ..	» 10	» 15	» 30	» 75
Fourniture et pose du mètre courant.	2 24	3 05	5 81	8 37

12° La dépose des conduites en plomb, non compris fouilles, mais y compris enlèvement, nettoyage, transport et rangement dans les magasins de la ville, sera payée par mètre courant quel que soit le diamètre . . . . — f. c. » 40

13° Le raccordement avec nouvelle conduite d'une prise d'eau existante sur conduite en tôle et bitume à remplacer, compris boulons, colliers, rondelles, sera payé l'un. . . . . — 3 50

14° L'établissement d'une nouvelle prise d'eau, compris percement du tuyau, boulons, collier, rondelles, sera payé . . . . — 3 50

15° Les robinets d'arrêt et de décharge, dits robinets vannes, y compris fourniture, tabernacle et bouche à clef, pose et raccordement avec les conduites, seront payés :

Diamètre des robinets........ ...	0m060	0m080	0m100	0m125	0m160 & 0m162	0m200	0m216	0m250	0m300	0m400
Fourniture des robinets	47f	62f	78f	98f	126f	156f	165f	195f	234f	312f
Tabernacle et bouche à clef en chêne avec frette et tampon en fonte fixé sur chaînette......	6	6	6	6	6	6	6	6	6	6
Pose des robinets avec leurs accessoires	9	11	13	16	22	28	31	35	48	70
Prix des robinets fournis et posés avec tous leurs accessoires...	62f	79f	97f	120f	154f	190f	205f	236f	288f	388f

16° Les robinets à boisseau, en bronze, pour prise d'eau y compris tabernacle et bouche à clef, pose et raccordement avec les conduites, seront payés :

Diamètre des robinets	0m014	0m020	0m027	0m030	0m040	0m050
Fourniture des robinets	4f »	5f 50	9f »	12f »	16f »	22f »
Tabernacle et bouche à clef, etc., comme au n° 15	6 »	6 »	6 »	6 »	6 »	6 »
Pose des robinets avec accessoires	2 50	3 »	3 50	4 »	4 25	4 50
Prix des robinets fournis et posés avec tous accessoires	12f 50	14f 50	18f 50	22f »	26f 25	32f 50

f. c.

17° La dépose d'une bouche à clef, y compris dépavage et repavage, enlèvement et rangement, sera payée l'une . . . . 3 »

18° La pose ou la repose d'une bouche à clef, y compris dépavage et repavage, enlèvement et rangement, sera payée . . . . 3 »

19° Une borne-fontaine avec raccord pour tuyaux de pompes à incendie, y compris fourniture, démontage et refection des chaussées et trottoirs, déblais et remblais, maçonnerie de fondation, cuvette, grille en fonte, peinture et pose, quel que soit le modèle indiqué par l'Ingénieur, sera payée. . . . . 150 »

20° La dépose d'une borne-fontaine, y compris transport, rangement et refection des pavages ou trottoirs, sera payée . . . . 6 »

21° La pose ou la repose d'une borne-fontaine, y compris transport, démontage et refection des chaussées et trottoirs, déblais et remblais, maçonnerie de fondation, sera payée. . . . . 40 »

22° Une bouche d'arrosage avec raccord pour tuyaux de pompes à incendie, y compris fourniture, démontage et refection des chaussées et trottoirs, déblais et remblais, maçonnerie de fondation, peinture et pose, quel que soit le modèle indiqué par l'Ingénieur, sera payée . . . . 75 »

23° La dépose d'une bouche d'arrosage, y compris transport, rangement et refection des pavages ou trottoirs, sera payée . . . . 6 »

24° La pose ou la repose d'une bouche d'arrosage, y compris transport, démontage et refection des chaussées et

	f. c.
trottoirs, déblais et remblais, maçonnerie de fondation, sera payée.	30 »
25° Une ventouse du modèle de la ville de Paris, quel que soit le diamètre des conduites, sera payée, pose comprise	80 »
26° L'entretien annuel d'un mètre courant de conduite en tôle et bitume, comme il est dit à l'article 36, sera payé	» 06
27° L'entretien annuel d'un mètre courant de conduite en fonte, comme il est dit à l'article 26, sera payé. . .	» 03
28° L'entretien annuel d'un branchement ainsi qu'il est dit à l'article 26, quels que soient le diamètre et la longueur de ce branchement, sera payé.	» 75
29° L'entretien annuel d'une borne-fontaine existante, sera payé	15 »
30° L'entretien annuel d'une borne-fontaine à fournir par l'entrepreneur, sera payé	10 »
31° L'entretien annuel d'une bouche d'arrosage, sera payé	5 »

Le présent bordereau de prix dressé par l'Ingénieur de la ville, soussigné.

Angers, le 23 *avril* 1868.

J. SICOT.

Vu et lu à Angers le 15 mai 1868.

V. DORÉ.

DÉTAIL ESTIMATIF

NATURE DES OUVRAGES.	Quantités.	Nos du bordereau.	Prix de l'unité	DÉPENSES par article.	DÉPENSES par ouvrage.
1° Terrassements.					
Mètres courants de fouilles sous routes et terrains non empier.	3,000m	1	1f 10	3,300f »	30,832 50
Mètres courants de fouilles sous pavages et trottoirs	18,355	2	1 50	27,532 50	
2° Tuyaux en fonte.					
Mèt. cour. de cond. de 0m 40	5,160	7	30 85	159,186 »	306,302 57
id. 0 30	1,344	7	22 32	29,998 08	
id. 0 25	1,393	7	17 60	24,516 80	
id. 0 200	2,993	6	12 04	37,113 20	
id. 0 160	1,730	6	8 46	14,635 80	
id. 0 125	1,385	6	6 81	9,431 85	
id. 0 100	1,306	6	5 47	7,143 82	
id. 0 080	4,524	6	4 18	18,910 32	
id. 0 060	2,010	6	2 67	5,366 70	
3° Fontainerie.					
Robinets de 0m 40 de diamèt.	12	15	388 »	4,656 »	12,859 »
id. 0 30 id.	3	15	288 »	864 »	
id. 0 25 id.	4	15	236 »	944 »	
id. 0 200 id.	5	15	190 »	950 »	
id. 0 160 id.	6	15	154 »	924 »	
id. 0 125 id.	5	15	120 »	600 »	
id. 0 100 id.	5	15	97 »	485 »	
id. 0 080 id.	26	15	79 »	2.054 »	
id. 0 060 id.	21	15	62 »	1,302 »	
Ventouses	1	25	80 »	80 »	
4° Raccordements de prises avec les conduites.					
Raccordements de prises avec conduites	770	13	3 50	2,695 »	10,005 »
Allongement des branchements : mètres courants de fouilles . . .	1,000m	2	1 50	1,500 »	
Allongement des branchements : mètres de conduites en plomb . .	1,000	11	5 81	5,810 »	
					359,999 07
Somme à valoir pour établissement des tranchées sur les ponts, pièces en fonte de modèles spéciaux, surveillance des travaux et dépenses imprévues					60,000 93
TOTAL GÉNÉRAL.					420,000 »

Le présent détail estimatif montant à la somme de quatre cent vingt mille francs, dressé par l'Ingénieur de la Ville soussigné.

Angers, le 23 avril 1868.

J. SICOT.

Vu et lu le 15 mai 1868.

V. DORÉ.

Vu en Conseil Municipal, le 16 mai 1868.

Le Maire, MEAUZÉ, adjoint.

Vu et approuvé :

Angers, le 15 juillet 1868.

Pour le Préfet :

Le Conseiller de Préfecture, faisant fonctions de Secrétaire général, Louis DE BENOIST.

Angers, imp. P. Lachèse, Belleuvre et Dolbeau-8-

www.ingramcontent.com/pod-product-compliance
Lightning Source LLC
LaVergne TN
LVHW010407240826
846091LV00020B/2820

9782013653169